Die kleine Jule steht vor der Rolltreppe und starrt auf die Stufen. Eine freundliche Dame sagt: »Du traust dich wohl nicht alleine auf die Rolltreppe. Wenn du willst, kann ich dir gerne helfen.«
»Nein danke«, sagt Jule, »ich will gar nicht Rolltreppe fahren. Ich warte nur darauf, dass mein Kaugummi wiederkommt.«

Warum lässt Jessika die Luft aus ihren Fahrradreifen?

Der Sattel ist ihr zu hoch.

Er gehört dir und doch benutzen ihn alle anderen häufiger als du. Was ist das?

Dein Name

»So weit brauchst du deinen Mund gar nicht aufzumachen«, sagt der Zahnarzt freundlich zu Jens. »Aber Sie müssen doch den Spiegel und den Absauger reinstecken können«, antwortet Jens. »Das schon«, meint der Zahnarzt, »aber ich wollte eigentlich nicht auch noch hineinkriechen.«

In der Almwirtschaft Bergblick beschwert sich ein Wanderer: »Wir hatten nur zwei Gläser Milch bestellt, nicht vier.« Der Almwirt trägt die beiden überzähligen Gläser Milch zurück in die Küche und murmelt: »Blödes Echo!«

Treffen sich zwei Vögel im Urwald. Sagt der eine: »Oh, hallo, du siehst ja lustig aus. Bist du ein Kakadu?« Der andere antwortet hochnäsig: »Für Sie immer noch Kakasie!«

Hahahaha

Zoe schreibt einen Geburtstagsbrief für Opa. »Toll«, lobt Papa sie, »aber warum hast du denn so riesige Buchstaben gemacht?« »Ich musste doch ganz ganz laut schreiben, weil Opa so schlecht hört«, sagt Zoe.

Welche Zwillingsbrüder wohnen ganz nah beieinander und werden sich trotzdem ihr Leben lang nicht sehen?

Die Ohren

Was dringt durchs ganze Haus, ohne eine Wand zu berühren?

Die Stimme

Kai beschwert sich bei Lasse: »Ich beneide dich, dass du keine Geschwister hast. Als Jüngster muss ich immer die gebrauchten Klamotten von allen anderen auftragen.«
»Aber das ist doch nicht so schlimm«, will Lasse trösten.
»Hast du eine Ahnung«, meint Kai, »meine älteren Geschwister sind alle Mädchen.«

Warum ist der Eisbär weiß und nicht rot?

Wenn er rot wäre, hieße er nicht Eisbär, sondern Himbär.

Was ist noch langweiliger als angeln?

Beim Angeln zugucken

Welche Kehle bringt keinen Ton heraus?

Die Kniekehle

Meike kommt morgens aus dem Badezimmer.
»Du bist so blass, Schatz, bist du krank?«, fragt ihre Mutter besorgt.
»Nein«, beruhigt Meike ihre Mutter, »ich habe mir nur das Gesicht gewaschen.«

Der Reporter sagt zum Zirkusdirektor: »Erstaunlich, ihre Tiernummer, bei der ein Tiger und ein Schaf gemeinsam auftreten. Vertragen sich die beiden denn?« Antwortet der Zirkusdirektor: »Ja, meistens.«
»Und was passiert, wenn sie sich nicht vertragen?«
»Dann kaufen wir ein neues Schaf.«

Mama bringt Hannah den Tee ans Bett. »Wie viel Zucker soll ich dir reintun?«, fragt sie. »6 Löffel«, sagt Hannah, »aber nicht umrühren, sonst wird es zu süß!«

»Tim, warum hast du denn einen blauen und einen roten Schuh an?«
»Keine Ahnung, aber zu Hause habe ich noch so ein komisches Paar Schuhe stehen.«

Der Tierfreund betritt das Zoogeschäft. »Was soll dieser Papagei kosten?«, fragt er.
Sagt der Zoohändler: »Fünfhundert Euro.«
»Fünfhundert? Das ist ja viel zu teuer! Ich würde die Hälfte bezahlen«, antwortet der Mann.
»Kommt nicht infrage«, meint der Zoohändler, »ich verkaufe keine halben Papageien.«

Wer hat einen Kopf
und keine Füße?

Der Nagel

Was kommt heraus, wenn eine
Kuh und ein Tintenfisch zusam-
men Kinder kriegen?

Kühe, die sich selbst melken können

Wann sagt ein Chinese
Guten Morgen?

Wenn er Deutsch gelernt hat

»Opa, wann ist Weihnachten?«
»Erst in vier Monaten, warum fragst du das?«
»Weil ich dieses Jahr unbedingt rechtzeitig mit dem Bravsein anfangen will.«

Wo fliegt eine Wolke hin, wenn sie Juckreiz bekommt?

Zum Wolkenkratzer

Wo geht nachts das Licht hin?

Schau doch mal im Kühlschrank nach!

Wer lebt von der Hand in den Mund?

Der Zahnarzt

Welchen Tag gibt's nur einmal im Jahr?

Jeden Tag

Welchen Kuchen kann man nicht essen?

Den Pustekuchen

»Lotti, was machst du denn da?«, fragt Mama, weil Lotti mit geschlossenen Augen vor dem Spiegel steht.
Sagt Lotti: »Ich will mir anschauen, wie ich beim Schlafen aussehe.«

Hahahaha

Zwei Fliegen gehen auf der Glatze von Herrn Kleine spazieren.
Sagt die eine:
»Erinnerst du dich? Als wir noch klein waren, war hier ein wunderschönes Wäldchen, in dem wir Verstecken gespielt haben.«

»Bitte, bitte, Mama, ich will soooo gerne eine Robbe als Haustier haben.«
»Aber Susi, das geht doch gar nicht, wie stellst du dir das denn vor?«
»Wir gehen einfach in den Zoo und klauen eine.«
»Aber Susilein, die Robben dort sind doch abgezählt.«

Haha

Treffen sich zwei Hellseher. Fragt der eine: »Wie geht's?« Antwortet der andere: »Dir geht's gut und wie geht's mir?«

Benjamin verliert zwei Milchzähne nebeneinander. »Guck mal«, sagt er zu Papa, »ich bekomme eine Glatze im Mund.«

Welches Getränk ist am stärksten?

Wasser, es kann sogar Schiffe tragen.

Warum muss man in Apotheken leise sein?

Damit die Schlaftabletten nicht aufwachen

Warum ist der Mond so blass?

Weil er nachts nicht schlafen kann

Katharina schickt Postkarten aus dem Urlaub. Auf eine Karte schreibt sie nur die Adresse. »Wieso schickst du deiner besten Freundin eine leere Postkarte?«, fragt Papa erstaunt. »Wir haben uns am letzten Schultag so doll gestritten, dass wir kein Wort mehr miteinander sprechen.«

Was ist, wenn einer auf einen Baum klettert?

Einer weniger auf der Erde

Was ist, wenn ein Zweiter auf denselben Baum klettert?

Einer mehr auf dem Baum

Und was ist, wenn ein Dritter auf denselben Baum klettert?

Dann bricht der Ast ab.

Familie Müller hat im Restaurant gegessen. Aber Frau Müller ist nicht zufrieden.

»Bitte bringen Sie mir das Beschwerdebuch und Kleber«, bittet sie den Kellner.

»Warum?«, fragt der Kellner.

»Ich möchte das Schnitzel einkleben«, meint Frau Müller.

»Fridolin, wo hast du denn deine Armbanduhr gelassen?«

»Die ist bestimmt schon zu Hause.«

»Schon zu Hause? Wieso das denn?«

»Na, weil die doch immer vorgeht.«

Der Polizist befragt Kerstin, die auf dem Nachhauseweg mit dem Fahrrad einen Unfall hatte: »Du sagst also, dass du geklingelt hast, bevor du die Frau auf dem Bürgersteig angefahren hast?« »Ja, sagt Kerstin, »ich klingle immer, bevor ich Leute anfahre.«

Sagt die leicht verwirrte Oma zum Opa: »Das Fernsehprogramm ist heute aber langweilig.« Antwortet der Opa: »Aber Schatz, du sitzt ja auch vor dem Spiegel.«

Fritz erzählt aufgeregt: »Und dann bin ich mitten auf der Straße einer Schlange begegnet.«
»Und, hast du dich hinten angestellt?«, fragt Sabine.

Hihihi

Die kleine Tina kauft sich zum dritten Mal an diesem Nachmittag eine Karte an der Kinokasse. »Warum brauchst du denn schon wieder eine Karte?«, fragt die Frau an der Kasse. Weint Tina: »Der Mann am Eingang vom Kino zerreißt sie immer.«

Was setzt der Gärtner als Erstes in einen neuen Garten?

Seinen Fuß

Was ist der Unterschied zwischen einer Trompete und einer Packung Mehl?

Blas doch mal rein, dann weißt du es.

»Mama, haben Schlangen eigentlich einen Schwanz?« »Also, eigentlich haben sie nichts anderes, finde ich.«

»Karla, wie du schon wieder aussiehst!«, schimpft Mama.
»Ich bin in eine Pfütze gefallen«, sagt Karla.
»In deinem besten Kleid«, seufzt Mama.
»Ich hatte echt keine Zeit, mich umzuziehen, als ich gemerkt habe, dass ich reinfalle.«

Was wird durch Waschen schmutzig?

Das Wasser

Was sagt das Igelkind, das nachts an einen Kaktus stößt?

»Mami, hier bist du, ich hab dich schon überall gesucht!«

Was kommt heraus, wenn ein Igel und ein Regenwurm Kinder bekommen?

Stacheldraht

Mutter zu Hannah: »Warum bist du denn so dreckig?«
Hannah: »Ich bin ins Gras gefallen!«
»Aber Gras ist doch grün und nicht braun!«
»Aber ich bin ins Gras gefallen, nachdem es die Kuh gefressen hatte.«

Hahaha

Luzie macht zum ersten Mal Ferien auf dem Bauernhof. Die Bäuerin führt sie herum und erzählt vom Landleben: »Morgens müssen wir in aller Frühe aufstehen und die Kühe melken, deshalb gehen wir immer mit den Hühnern schlafen.«
Luzie bricht in Lachen aus: »Das sieht bestimmt lustig aus, wenn ihr abends alle auf die Hühnerstange klettert.«

Die Geschwister kloppen sich mal wieder. Mama schimpft: »Wie oft soll ich euch noch sagen, dass ihr euch nicht schlagen sollt. Wer hat denn diesmal angefangen?« »Jule«, sagt Franzi, »sie hat zuerst zurückgehauen.«

Warum regnet es nie zwei Tage hintereinander?

Weil die Nacht dazwischenliegt

Oma, Opa, ihre vier Kinder, deren sechs Kinder und drei Hunde stehen unter einem einzigen Regenschirm. Warum werden sie nicht nass?

Weil es nicht regnet

In welchem Hafen gibt es keine Schiffe?

Im Flughafen

Was tragen Gummibären im Regen?

Gummistiefel

Lina singt und singt. »Ich wünschte, du könntest bei einer dieser Talentshows im Fernsehen auftreten«, sagt ihr kleiner Bruder Leo. »Ja, das wäre toll«, sagt Lina, »aber ich hätte nicht gedacht, dass du dir das auch wünschst.« »Doch«, sagt Leo, »dann könnte ich den Ton abstellen.«

Woran erkennt man, dass der Mond bewohnt ist?

Daran, dass das Licht brennt

Wie kann man die Zahl 99 um ein Drittel verkleinern, ohne etwas wegzunehmen?

Man dreht das Blatt um.

Oma sagt zu Lena: »Du solltest mal wieder baden.«
Sagt Lena: »Aber Oma, ich bade doch jeden Tag.«
Sagt Oma: »Dann solltest du mal wieder das Badewasser wechseln.«

Papa liest eine Gutenachtgeschichte vor.
Unterbricht ihn Jan: »Papa, kannst du bitte ein bisschen leiser lesen? Ich möchte so gerne schlafen.«

Ramona kommt glücklich mit vier Hufeisen nach Hause.
»Guck mal, Papa«, ruft sie, »die hab ich alle heute gefunden. Weißt du, was das bedeutet?«
»Ja, weiß ich«, antwortet der Vater: »Draußen läuft jetzt ein Pferd barfuß rum!«

Wer fällt ständig, ohne sich jemals zu verletzen?

Der Regen

»Mama, kann ich bitte noch ein Glas Wasser haben?«, ruft Nelli abends aus dem Kinderzimmer. Mama ist sauer: »Schlaf jetzt endlich, du hattest ja schon drei Gläser.«
»Ja, ich weiß, aber die haben ehrlich nicht gereicht, um das Feuer in meinem Bett zu löschen.«

»Redet Josephine eigentlich immer so viel?«
»Das kannst du mir glauben! Letztes Jahr im Strandurlaub hat sie es sogar geschafft, sich einen Sonnenbrand auf der Zunge zu holen.«

Welche Uhr steht und geht trotzdem ganz genau?

Die Standuhr

Wo bist du erst richtig drin, wenn du unten schon wieder raus bist?

In der Hose

Was trinken Krokodile im Kino am liebsten?

Kroka-Cola

Oma Hilde klagt beim Arzt über Schmerzen im linken Bein. »Meine Liebe«, meint ihr Arzt, »die Schmerzen kommen vom Alter.« Oma Hilde ist das nicht recht. Sie schimpft: »Das kann aber gar nicht sein. Mein rechtes Bein ist genauso alt und tut überhaupt nicht weh.«

Was haben Bergwerke, Weihnachtstische und Fußballschuhe gemeinsam?

Stollen

Wer trägt seinen Pelz sogar im Bett?

Der Faulpelz

Hihi

Welchen Pilz kann man nicht pflücken?

Den Glückspilz

Herr und Frau Piele stehen mit den Koffern am Flughafen. Sagt Herr Piele: »Mist, ich hätte den Esstisch doch mitnehmen sollen.« »Red keinen Blödsinn«, erwidert Frau Piele, »warum willst du denn den Esstisch mitnehmen?« »Weil da die Flugtickets draufliegen«, seufzt ihr Mann.

Hahaha

Der Arzt kommt in den Operationssaal: »Wen operieren wir?«, fragt er. »Einen Mann, der einen Fußball verschluckt hat.«
»Und was will der Mann hier, der da hinten steht?«
»Weiterspielen. Er wartet auf den Ball.«

Was sagt ein Elefant, wenn er in die Waschmaschine gefallen ist?
»Hui, jetzt geht's rund!«

Hihihi

Nele steht aus dem Bett auf und fährt in ihrem Zimmer Dreirad. Papa schimpft: »Nele, du sollst längst im Bett sein und schlafen.« Sagt Nele: »Ich würde ja gerne, aber ich finde einfach keinen Parkplatz.«

Gehen zwei Eisbären durch die Wüste. Sagt der eine: »Hier muss es aber glatt sein, so wie die hier gestreut haben.«

Wie nennst du einen Kellner, der nie an deinen Tisch kommt?

Fernbedienung

Nach welchen Bergen sehnen sich Wanderer?

Nach den Herbergen

Rührt man den Tee mit der rechten oder der linken Hand um?

Weder noch. Man nimmt einen Löffel.

»Mama, der Kuchen ist zu trocken.«
»Dann halt lieber den Mund. Sonst staubt es so.«

Lilli kommt in die Klasse gerannt und entschuldigt sich: »Tut mir leid, ich hab verschlafen.«
Da meint die Lehrerin besorgt: »Ach du liebes bisschen, zu Hause schläfst du auch noch?«

Welches Tier kann sein ganzes Leben lang Geburtstag feiern?

Die Eintagsfliege

Auf welchen Baum können auch die besten Kletterer nicht hochklettern?

Auf den Stammbaum

Wer hört alles, sagt aber nie etwas?

Das Ohr

Die Mutter von Felix ruft die Kellnerin: »Entschuldigung, aber das Getränk für meinen Sohn, soll das nun Wasser oder Limo sein? Es schmeckt nämlich nach Hustensaft.«

»Dann ist es Limo«, sagt die Kellnerin, »das Wasser schmeckt nach Seife.«

Welchen Tisch kann man essen?

Den Nachtisch

»Möchtest du lieber ein Brüderchen oder ein Schwesterchen?«
»Wenn es dir egal ist, Mama, hätte ich am liebsten ein Pony.«

Zwei Tomaten gehen über die Straße. Eine wird überfahren. Sagt die andere: »Los, Ketchup, gehen wir weiter!«

Der Arzt hat Oma das Treppensteigen verboten. Nach drei Tagen kommt Oma erneut zum Arzt. »Bitte, Herr Doktor, Sie müssen mir das Treppensteigen unbedingt wieder erlauben. Das ständige Rauf- und Runterklettern über den Balkon meiner Wohnung macht mich völlig fertig.«

Welches Glöckchen klingelt nicht?

Das Maiglöckchen

Hihi

Wer weiß am besten, was den Leuten fehlt?

Die Diebe

Welche Pillen verordnet kein Arzt?

Die Pupillen

Haha

»Ich muss um acht Uhr ins Bett«, beschwert sich Kristina bei ihren Eltern, »alle anderen aus meiner Klasse erst um halb neun.«
»Ist das denn so schlimm?«, fragt Papa. »Ja klar«, sagt Kristina, »ihr seid eine ganze halbe Stunde gemeiner als die anderen Eltern.«

Welche deutsche Stadt steht sehr oft auf dem Tisch?

Essen

Was sagt ein Hund, wenn ihm eine Katze auf den Schwanz tritt?

Gar nichts, Hunde können nicht sprechen.

Was gibt's in der Wüste massenhaft?

Parkplätze

»Papa, ich möchte bitte 2 Euro haben.« »Haben, haben, immer willst du nur haben. Denk doch auch mal ans Geben.«
»Ist gut, Papa: Kannst du mir bitte 2 Euro geben?«

Lisa ist mit Papa angeln. »Papa, warum wirfst du immer die großen Fische ins Wasser zurück und behältst die kleinen?«
»Ach, weißt du, Lisa, wir haben zu Hause doch nur kleine Bratpfannen.«

Der Polizist hält einen Autofahrer an und sagt: »Mit Ihren Rücklichtern stimmt etwas nicht!« Der Mann steigt aus und geht nach hinten. Plötzlich wird er ganz blass und sagt: »Also, was mit den Rücklichtern los ist, kann ich Ihnen nicht sagen. Aber mein Wohnwagen ist weg.«

Hahahaha

»Was ist denn passiert?«, fragt Herr Pauli den Polizisten, der weinend am Straßenrand steht. Schluchzt der Polizist: »Mein Polizeihund ist weggelaufen.« Herr Pauli will ihn trösten: »Der findet den Weg zur Polizeiwache bestimmt selbst.« Antwortet der Polizist: »Der Hund schon, aber ich nicht.«

Was fängt mit »Po« an, hat 4 Buchstaben und man sitzt darauf?

Das Pony

Warum sind Bäcker grausam?

Sie schlagen Eier und Sahne!

Wer ist immer im Bett und doch stets unterwegs?

Der Fluss

Felix kommt weinend von draußen rein und schluchzt: »Ich glaub, ich hab einen Holzsplitter im Finger.« Antwortet seine große Schwester wenig mitfühlend: »Da hast du dich wohl zu fest am Kopf gekratzt, was?«

Was macht ein Elefant in der Wüste?

Viel Schatten

Welche Tomaten kann man nicht essen?

Die Automaten

Hahahaha

Welchen Keks kann man nicht essen?

Den Scherzkeks

»Wie lange hält der Zug?«, fragt ein Mann den Schaffner.
Der überlegt lange, dann sagt er: »Genau kann ich es nicht sagen, aber ich denke, bei guter Pflege 10 oder 15 Jahre.«

Hahahaha

Zwei Pferde unterhalten sich. Fragt das eine: »Wie war dein letztes Springturnier? Hast du es diesmal über das hohe Hindernis geschafft?«
Antwortet das andere: »Ich nicht, aber mein Reiter.«

Mutter und Vater Eisbär schauen stolz auf ihr Kleines. »Er sagt bestimmt als Erstes Mama!«, strahlt sie. »Oder Papa«, sagt er. Das Eisbärjunge öffnet das Maul, guckt seine Eltern an und sagt:»Verdammt noch mal, ist das kalt hier!«

»Papa, ich will Forscherin am Nordpol werden.«

»Das finde ich prima, mein Schatz.«

»Dann gib mir doch schon mal 5 Euro für meine Berufsausbildung!«

»Wieso das denn?«

»Ich muss möglichst viel Eis essen, um mich an die Kälte zu gewöhnen.«

Zwei Erbsen gehen spazieren. Sagt die eine zur anderen: »Achtung, da kommt eine Trepp-pe-pe-pe-pe!«

In welchen Zug passt nur ein Mensch?

In den Anzug

Hihi

Was hat einen Hals, aber keinen Kopf?

Die Flasche

Warum sind Fische glitschig?

Damit es nicht quietscht, wenn sie um die Ecke schwimmen

Der Gast im Restaurant traut sich nicht zu essen, weil der Hund des Hauses vor seinem Platz steht und die Zähne fletscht. Er ruft den Kellner: »Was hat der Hund denn? Ich habe ihm doch nichts getan.« »Oh«, ruft der Kellner, »ich sehe gerade, Sie essen von seinem Lieblingsteller.«

Wie nennt man einen Cowboy, dem sein Pferd geklaut wurde?

Sattelschlepper

Was ist Wind?

Luft, die es eilig hat

Hihihihi

Wozu haben Polizisten eine Mütze?

Zum Aufsetzen

Mia und Helena sitzen auf einer Wiese und schauen den Kühen zu. »Sag mal«, meint Helena nachdenklich, »hast du eigentlich schon mal gesehen, wer den Kühen immer den ganzen Kaugummi bringt?«

Heidi beschimpft ihren Bruder. Sagt ihre Mutter: »Entweder entschuldigst du dich bei Jasper oder du gehst ohne Essen ins Bett.« Fragt Heidi: »Was gibt's denn zu essen?«

Die Mutter kommt vom Einkaufen zurück und fragt ihre Kinder: »Habt ihr inzwischen die Küche gemacht, wie ich euch gebeten habe?«

»Ja«, ruft Nora, »ich hab das Geschirr abgewaschen.«

»Ich hab abgetrocknet«, sagt Luise.

»Und ich hab die Scherben weggekehrt«, sagt Zoe stolz.

Hahahaha

»Hier hast du die 5 Euro zurück, die du mir vor drei Wochen geliehen hast.«
»Gut, dass du daran denkst. Die habe ich längst vergessen.«
»Hättest du mir das nicht vorher sagen können?«

Warum können Gespenster nicht lügen?

Weil sie so leicht zu durchschauen sind

Wann funkt ein Astronaut »Alles in Butter«?

Wenn er durch die Milchstraße fliegt

Wer tritt uns ungestraft ins Gesicht?

Der Schweiß

Was ist einer, der nie abwäscht?

Ein Energiesparschwein

Es gibt Ärger vor dem Essen. Luise fragt Nora: »Wie ist Oma eigentlich darauf gekommen, dass du dir die Hände nicht gewaschen hast?« Sagt Nora: »Ich habe vergessen, die Seife nass zu machen.«

Wütend kommt eine Frau in einen Drogeriemarkt: »Ihr Sonnenöl taugt nichts«, schimpft sie. »Jetzt hab ich schon 3 Flaschen davon getrunken, und braun bin ich immer noch nicht.«

Wer bleibt am Haus, egal wie lange er spazieren geht?

Die Schnecke

Was machen zwei Piloten im Hubschrauber?

Der erste hubt, der zweite schraubt.

Haha

Wer verdient sein Geld im Handumdrehen?

Ein Drehorgelspieler

Zwei Gartenbesitzer unterhalten sich. »Meine Rosen blühen viel prächtiger, seit ich freundlich zu ihnen spreche«, sagt der eine. »Guter Tipp«, meint der andere, »dann gehe ich sofort mal rüber und beschimpfe mein Unkraut.«

Ein Mann im Restaurant beschwert sich: »Kellner, bitte entfernen Sie die vielen Leute an meinem Tisch, ich möchte allein essen.«
»Aber mein Herr, warum haben Sie dann einen Auflauf bestellt?«

Eine Frau probiert im Schuhgeschäft ein Paar Schuhe nach dem nächsten an. Keines passt. Endlich ruft sie erleichtert: »Diese hier nehme ich. Sie passen wie angegossen.«

Sagt der Schuhverkäufer: »Entschuldigen Sie, aber was Sie da anhaben, sind zwei Schuhkartons.«

Hahahaha

Paul ist bei Opa Fritz zu Besuch. »Was machst du denn da?«, fragt er seinen Opa, der eifrig mit der Gießkanne von Blumentopf zu Blumentopf geht. »Siehst du doch, Paul, ich gieße die Blumen.«

»Aber das sind doch künstliche Blumen, Opa«, sagt Paul.

»Weiß ich doch«, sagt Opa, »in der Gießkanne ist ja auch gar kein Wasser drin.«

Welche Schuhe haben keine Sohlen?

Die Handschuhe

Was fällt durch die Scheibe, ohne dass sie zerbricht?

Das Sonnenlicht

Was sind Vögel, die auf einer Fernsehantenne sitzen?

TV-Stars

Es ist der erste Schultag nach den Sommerferien. »Hallo Liese«, sagt Papa, als Liese nach Hause kommt, »ist alles gut gegangen heute?« Sagt Liese sauer: »Offenbar nicht, ich muss nämlich morgen wieder hin.«

Herr Liebig fragt seinen Nachbarn: »Haben Sie schon mal einen Elefanten im Kirschbaum gesehen?«
»Nein«, meint der, »noch nie.«
»Da können Sie mal sehen, wie gut die sich verstecken können.«

Was sind Draculas Lieblingsfrüchte?

Blutorangen

Was ruft Dracula, wenn er eine Bank überfällt?

»Hände hoch oder ich beiße!«

Hahahaha

Mit welchem Topf kann man nicht kochen?

Mit dem Blumentopf

Die Mutter will einkaufen: »Karen, kannst du bitte mal schauen, wie lange die Zahnpasta noch reicht?«, bittet sie ihre Tochter. »Mach ich, Mama!«, sagt Karen. Kurz darauf kommt sie stolz zu ihrer Mutter gelaufen: »Also, Mama, die Zahnpasta reicht noch genau vom Badezimmer bis zur Haustür.«

Paul fragt seine Mutter: »Mama kannst du mir 2 Euro für einen alten Mann geben?« Die Mutter freut sich: »Wo ist denn der alte Mann?« Paul antwortet: »Er steht da vorne und verkauft Eis.«

Ute steht am Kiosk: »Bitte einen Kaugummi für mich und meine Freundin Katrin.« Fragt der Mann vom Kiosk freundlich: »Also zwei Kaugummis?«
»Nein«, antwortet Ute, »nur einen. Wir wechseln uns beim Kauen ab.«

Haha

Treffen sich zwei Schnecken. Die eine sieht schrecklich aus. Fragt die andere: »Du Arme, wo hast du dir denn das blaue Auge geholt?«

»Ach«, sagt die erste, »gestern krieche ich friedlich durch den Wald, da schießt auf einmal ein Pilz aus dem Boden.«

Wer wird gerufen, wenn es im Zirkus brennt?

Der Feuerschlucker

Womit würfeln Eskimos?

Mit Eiswürfeln

Was sagt der Wachhund, wenn er Bauchschmerzen hat?

»Ich hätte den Briefträger ohne das Fahrrad fressen sollen.«

Hihi

Lissi und Hannah spielen Prinzessin. Da fällt Lissi etwas ein. »Letzte Woche hat meine Mama mir ein Schloss gekauft«, sagt sie zu Hannah. »Toll!«, sagt Hannah neidisch, »wo denn?« »Im Fahrradgeschäft.«

Wie heißt der Teufel mit Vornamen?

Pfui

Was ist eine echt unnütze Sache?

Einem Mann mit Glatze eine haarsträubende Geschichte zu erzählen

Kennst du den Unterschied zwischen einem Pferd und einem Blitz?

Das Pferd schlägt aus und der Blitz schlägt ein.

Sagt der Mann zum Frisör: »Mir fallen vor lauter Sorgen schon die Haare aus.« Fragt der Frisör: »Worüber machen Sie sich denn solche Sorgen?«
»Dass ich eine Glatze bekomme.«

»Lola, warum hast du deinen Teddybären denn ins Eisfach vom Kühlschrank gelegt?«
»Ich will einen Eisbären haben, Mama!«

»Wie lange willst du denn noch auf die untergehende Sonne starren?«, fragt Frau Huber ihren Mann beim Urlaub am Meer. »So lange, bis es zischt«, antwortet Herr Huber.

»Mama, ich will das nicht essen. In meiner Suppe schwimmt eine tote Fliege.«
»Lüg nicht! Tote Fliegen können gar nicht schwimmen!«

Hihi

Lilly war krank. »Iss deinen Spinat, Kind, damit du wieder ein bisschen Farbe ins Gesicht kriegst«, sagt Mama. Antwortet Lilly: »Ich will aber kein grünes Gesicht haben, Mama.«

»Ich möchte gern das Kleid im Schaufenster anprobieren«, sagt die Kundin.
»Gerne. Sie können aber auch unsere Umkleidekabine benutzen«, antwortet die Verkäuferin.

Welche ist die gefährlichste Jahreszeit?

Das Frühjahr: Die Saat schießt und die Bäume schlagen aus.

Welches Baby hat einen Schnurrbart?

Das Katzenbaby

Ist es wahr, dass große Menschen fauler sind als kleine?

Ja klar, sie sind immer länger im Bett.

Fragt die Nachbarin: »Und, Greta, was hast du von deinem Bruder zum Geburtstag bekommen?« Sagt Greta: »Die Windpocken, Frau Holler.«

»Wieso hast du denn einen Knoten im Taschentuch?«
»Hat meine Mutter mir reingemacht, damit ich nicht vergesse, meiner Lehrerin einen Brief zu geben.«
»Und hat's geklappt?«
»Nein, Mama hat heute morgen vergessen, mir den Brief mitzugeben.«

Welcher Ring ist nicht rund?

Der Hering

Welche Mode ist aus Holz?

Die Kommode

Welcher Frosch lebt nicht im Wasser?

Der Knallfrosch

»Braun bist du geworden! Du musst ja super Wetter im Urlaub gehabt haben, Petra.«
»Nein, es hat die ganze Zeit geregnet. Das Braune ist nur der Rost.«

Hihihi

Paul ist genervt von seiner kleinen Schwester. Er fragt: »Weißt du, wie man dein Gehirn auf die Größe einer Erbse bekommen könnte?«
»Nein«, sagt Lotte.
»Aufpumpen. Sehr lange aufpumpen!«, meint Paul.

»Hast du noch Geschwister, Timo?«, fragt die neue Lehrerin. »Nein«, antwortet Timo, »ich bin alle Kinder, die wir haben.«

Zwei Sandkörner gehen durch die Wüste. Sagt das eine zum anderen: »Mensch, ist das heute voll hier.«

Was ist ein Mensch, der immer Ordnung hält?

Nur zu faul zum Suchen

Bei Oma und Opa gibt es zum Abendbrot Schweizer Käse. Lina quengelt: »Ich mag aber keinen Käse mit Löchern.« Da sagt Oma: »Dann iss doch nur den Käse und lass die Löcher liegen.«

Die Lehrerin liest vor.

Luna hat etwas nicht verstanden und fragt leise ihre Nachbarin Hanna: »Was ist denn ein Kolibri?«

»Irgend so ein bekloppter Fisch«, flüstert Hanna.

»Aber Frau Joch hat eben gelesen: ›Der Kolibri schwirrte von Blüte zu Blüte.‹«

Antwortet Hanna: »Da siehst du mal, wie bekloppt der Fisch ist.«

Morgens ist Anna schlecht gelaunt. Heute meckert sie: »Mama, so kann ich unmöglich zur Schule gehen, in meiner Hose sind zwei Löcher!«

»Alles in Ordnung«, sagt Mama: »Da musst du die Beine durchstecken.«

Hahahaha

Nils besucht seine Freundin Nina. »Komm rein«, ruft Nina. »Geht nicht«, ruft Nils zurück, »ich hab dreckige Füße.« »Macht nichts«, sagt Nina, »du kannst ja die Schuhe anlassen.«

Ein älterer Herr mit grauen Haaren zeigt beim Einsteigen in den Bus ein Schülerticket vor. »Guter Mann, das ist ein Schülerticket«, schimpft der Busfahrer.
»Da sehen Sie mal, wie lange ich auf den Bus warten musste«, erwidert der Mann.

»Mama, Mama, die blöde Nachbarin hat mit ihrer Scheibe meinen Ball kaputt gemacht.«

Aus welchen Gläsern kann man nicht trinken?

Aus Brillengläsern

Eine Frau spielt Schach mit ihrem Hund. Ein Mann kommt hinzu und sagt bewundernd: »Sie haben aber einen klugen Hund.« Sagt die Frau: »Wieso, er verliert doch immer!«

Die Tochter übt Trompete. Es klingelt. Der Sohn öffnet. Vor der Tür steht ein wutschnaubender Nachbar: »Ich möchte sofort deine Mutter sprechen.«
»Tut mir leid, die ist nicht da.«
»Aber ich habe sie gerade noch am Fenster gesehen.«
»Ja eben, sie Sie auch.«

Nele will Jule überraschend besuchen. Sie drückt auf die Türklingel. Jule ruft von drinnen: »Bei uns ist keiner zu Hause!« Sagt Nele: »Ein Glück, dass ich nicht extra gekommen bin.«

Der unglaublich dicke Gemüsehändler vom Hermannplatz braucht zwei Kinositze. Was wiegt er?

Das Gemüse

»Mama, wieso brüllt das Baby denn ständig?«
»Weil es Zähne bekommt.«
»Warum? Will es denn keine?«

Im Restaurant beschwert sich ein Gast: »Mein Teller ist feucht.« Sagt der Kellner: »Natürlich, Sie hatten doch Suppe bestellt.«

Haha

»Warum humpelst du?« »Ich bin von der Leiter gefallen.«
»Hoch?«
»Nein, runter.«

»Die Milch schmeckt nicht lecker«, nörgelt Anna beim Frühstück. »Ist sie sauer?«, fragt Papa. »Nee, aber irgendwie wässrig«, sagt Anna. Antwortet Papa: »Vielleicht standen die Kühe ja im Regen auf der Weide.«

»Mama, wann bin ich eigentlich geboren?«, fragt Luise.
»Am 15. April«, antwortet die Mutter.
»Wie lustig«, sagt Luise, »das ist ja genau an meinem Geburtstag.«

Zwei Männer stellen sich vor. Sagt der eine: »Guten Tag, mein Name ist Kurz.« Sagt der andere: »Meiner auch, ich heiße Lang.«

Friedrichstraße 9
80801 München

Text: Ute Löwenberg
Cover-Illustration: Ilka Röhling
Bildnachweis: © Getty Images:
Good_Stock; ijsendoorn; khalus

ISBN 978-3-8458-3836-6
www.arsedition.de